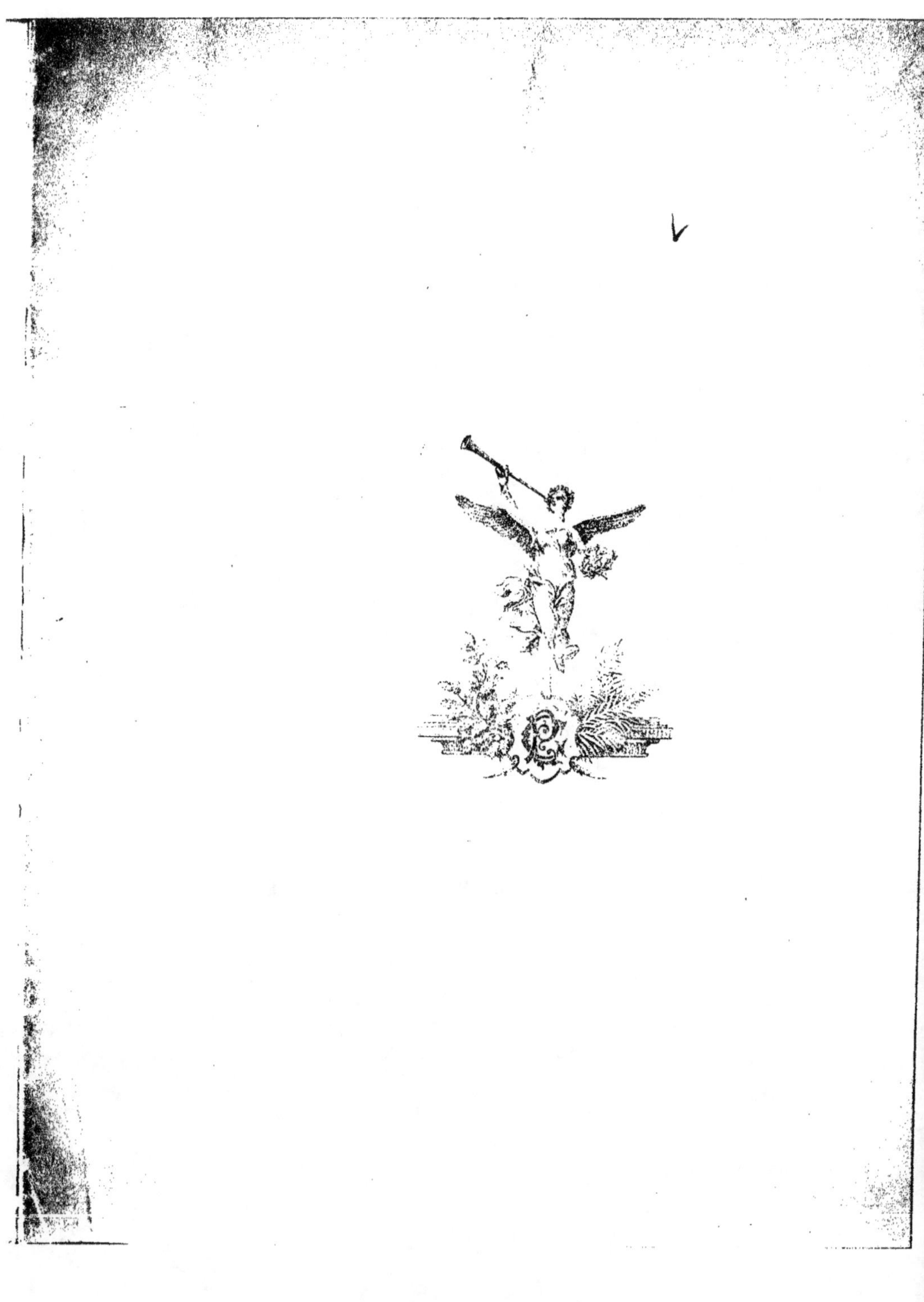

FAILLITE BALÈNSI

TABLEAUX

Aquarelles

PASTELS ET DESSINS

OBJETS D'ART ET D'AMEUBLEMENT

Tapisserie

EXEMPLAIRE DE H. STETTINER

PARIS — 1896

TABLEAUX

AQUARELLES, PASTELS ET DESSINS

OBJETS D'ART ET D'AMEUBLEMENT

Tapisserie

CONDITIONS DE LA VENTE

Elle sera faite au comptant.

Les Acquéreurs paieront **cinq pour cent** en sus des adjudications.

L'Exposition mettant le public à même de se rendre compte de l'état et de la nature des objets, il ne sera admis aucune réclamation, une fois l'adjudication prononcée.

Paris. — Imp. Georges Petit, 12, rue Godot-de-Mauroi.

CATALOGUE

DES

TABLEAUX

Aquarelles

PASTELS ET DESSINS

Objets d'Art et d'Ameublement

TABATIÈRES, BONBONNIÈRES, MONTRES

Bijoux des Époques Louis XV et Louis XVI

ORFÈVRERIE, PORCELAINES, FAIENCES

SCULPTURES EN MARBRE

Bronzes de Barye et autres — Bronzes d'Ameublement

MEUBLES EN BOIS SCULPTÉ — MEUBLES DU XVIIIe SIÈCLE ET DE STYLE

MEUBLES DE SALON COUVERTS EN SOIE

TAPISSERIE

Le tout dépendant de la faillite de M. Balensi

ET DONT LA VENTE AURA LIEU

EN VERTU D'ORDONNANCE DE M. LE JUGE-COMMISSAIRE

GALERIE GEORGES PETIT

8, RUE DE SÈZE

Les Jeudi 7 et Vendredi 8 Mai 1896

A DEUX HEURES

Commissaire-priseur :

Me JULES HUGUET

71, Rue de la Victoire, 71

Experts :

Pour les Tableaux	Pour les Objets d'art
M. GEORGES PETIT	MM. MANNHEIM Père et Fils
12, Rue Godot-de-Mauroi, 12	7, Rue Saint-Georges, 7

EXPOSITIONS

PARTICULIÈRE : *le Mardi 5 Mai 1896* } *de 1 heure*
PUBLIQUE : *le Mercredi 6 Mai 1896* } *à 6 heures.*

ORDRE DES VACATIONS

Jeudi 7 Mai 1896.

Tableaux	1 à 23
Aquarelles, Pastels, Dessins	24 à 30
Estampes	31
Tabatières et Bonbonnières	32 à 41
Bijoux, Objets de vitrine	42 à 57
Montres	58 à 68
Éventails	69 à 71
Orfèvrerie	72 à 88
Plaqué	89 à 94

Vendredi 8 Mai 1896.

Porcelaines de Saxe et autres	95 à 103
Faïences	104 à 112
Sculptures en marbre	113 à 115
Objets variés	116 à 127
Bronzes d'art	128 à 151
Bronzes d'ameublement	152 à 170
Meubles en bois sculpté	171 à 176
Meubles du XVIIIe siècle et autres	177 à 201
Tapisserie	202

DÉSIGNATION

Tableaux

BERNE-BELLECOUR

1 — *La Gamelle.*

Signé à gauche en bas.

Panneau. Haut., 46 cent.; larg., 55 cent.

BOULARD

2 — *Silence.*

Une paysanne vue de face, jusqu'à mi-corps. Le doigt placé sur la bouche : les yeux grands et expressifs.

Toile. Haut., 54 cent.; larg., 44 cent.

OLD CROME

3 — *L'Étang.*

A gauche, une cabane, où se tient une laveuse; à droite, de grands arbres dont le pied baigne dans l'étang. Au milieu, quatre vaches, dans l'eau jusqu'à mi-jambe, et humant la fraîcheur. Au fond, un bois sur un sol légèrement en pente.

Toile. Haut., 83 cent.; larg., 108 cent.

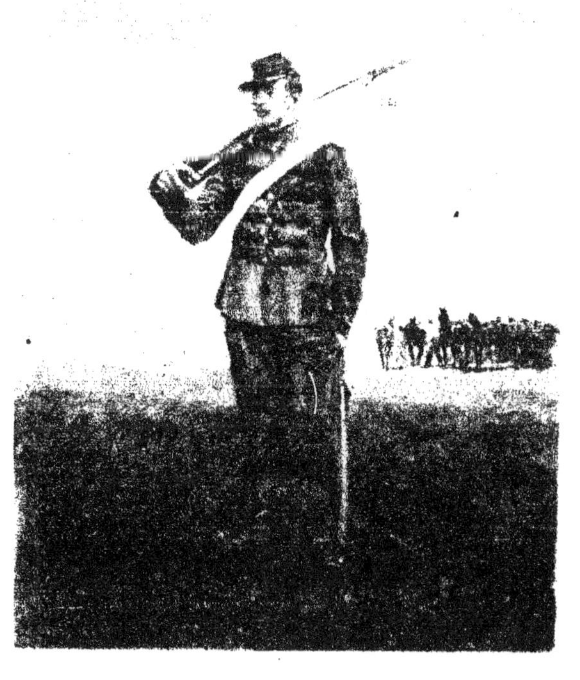

BOU[illegible]ARD

2. — *Silence.*

[illegible]

[illegible]CROME

3. — *[illegible]*

[illegible]

E. Detaille

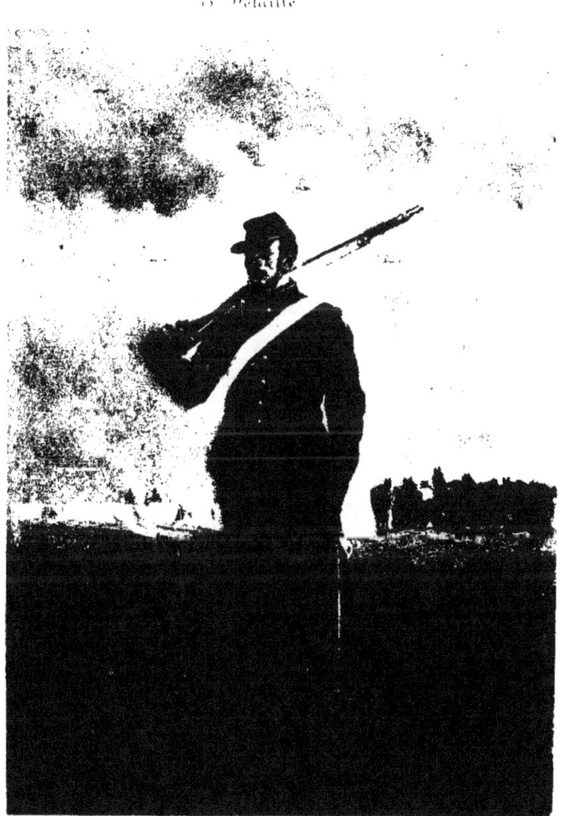

En sentinelle

DETAILLE

4 — *En Sentinelle.*

Un chasseur, l'arme sur l'épaule droite, vu de face, le pied gauche porté en avant. Au fond, on aperçoit, à gauche, les tentes-abris; à droite, les chasseurs en train de faire le pansage.

Signé à gauche, en bas.

Panneau. Haut., 16 cent.; larg., 11 cent.

3450-

FERNANDEZ

(R.-P.)

5 — *Le Billet de logement.*

Dans une rue de village, deux grenadiers de la première république, en train de chercher le logement qui leur est assigné.

Signé à gauche, en bas.

Panneau. Haut., 14 cent.; larg., 10 cent.

HARPIGNIES

6 — *Le Chemin creux, effet du matin.*

Signé à gauche, en bas.

Toile. Haut., 60 cent.; larg., 100 cent.

HARPIGNIES

7 — *Les Petits Pêcheurs.*

Autour d'une mare, au creux d'une vallée, des enfants s'amusent à pêcher. Derrière eux, quelques troncs d'arbres aux torsions capricieuses.

Signé à gauche, en bas : *1865*.

Toile. Haut., 28 cent.; larg., 40 cent.

MADELEINE LEMAIRE

8 — *Poires, Pêches et Raisin.*

Signé à droite, en bas.

Toile. Haut., 109 cent.; larg., 82 cent.

LINGELBACH

9 — *Un Port de Mer.*

A droite, au fond, un monument. Aux premiers plans, des hommes causant, en différents groupes.

Signé en bas, à gauche.

Toile. Haut., 51 cent.; larg., 44 cent.

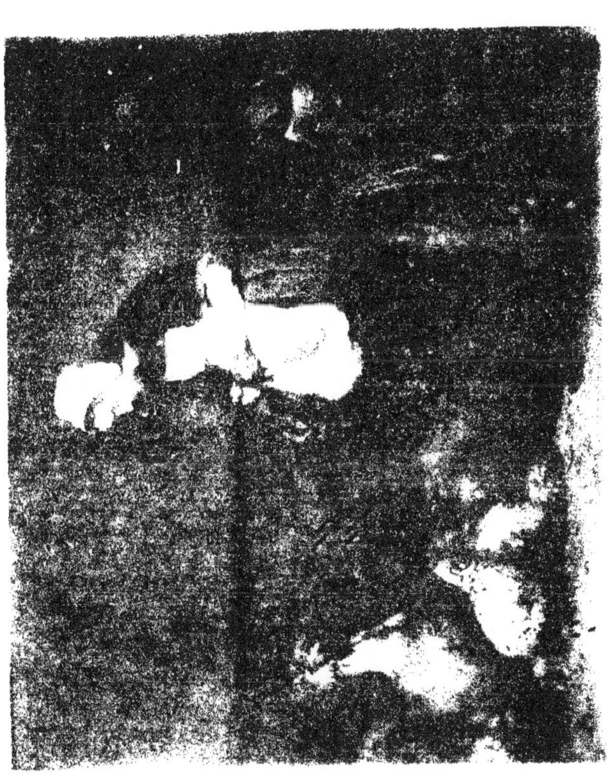

Ribot.

RIBOT

10 — *La Provende.*

4100

Le coq est raide sur ses ergots; les poules ne s'occupent que de picorer le grain que leur jette une paysanne, debout, vers la droite, en coiffe et tablier blancs, le tablier relevé, tenu de la main gauche. A droite, un tonneau en vidange, sur lequel on a posé le débris d'une cruche de grès.

Admirable tableau du maître.

Signé à gauche, en bas.

Vente Truchy.

Toile. Haut., 37 cent.; larg., 46 cent.

RIBOT

(TH.)

11 — *Le Marchand d'images.*

Le petit colporteur vient de déployer sa pacotille, et des fillettes se pressent déjà devant ses images Au fond, une paysanne hésite à donner à sa fillette le sou qu'elle lui demande.

Signé à gauche, en bas: *1862.*

Vente Garnier.

Toile. Haut., 56 cent.; larg., 65 cent.

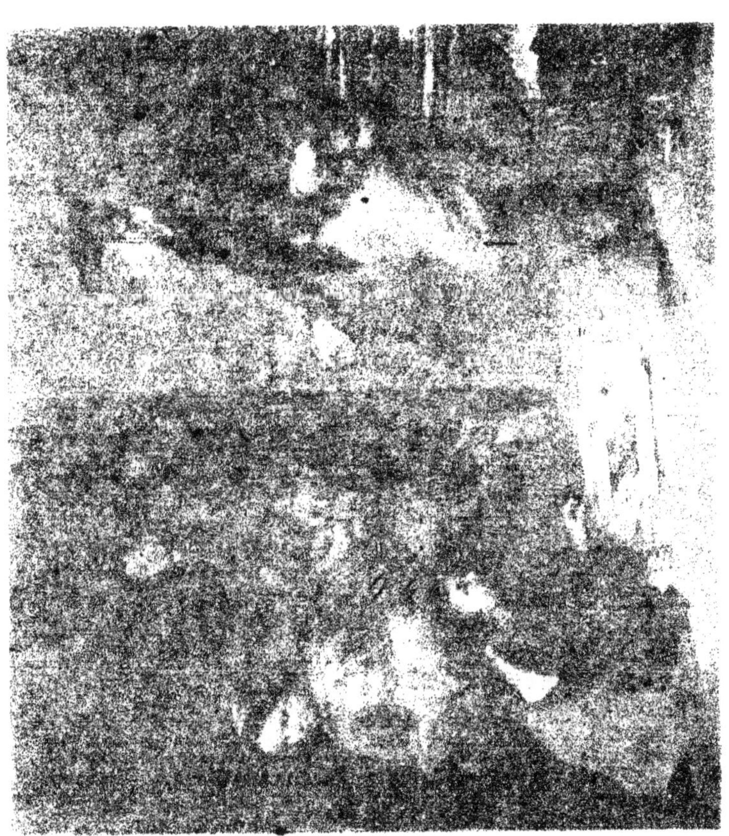

Ribot.

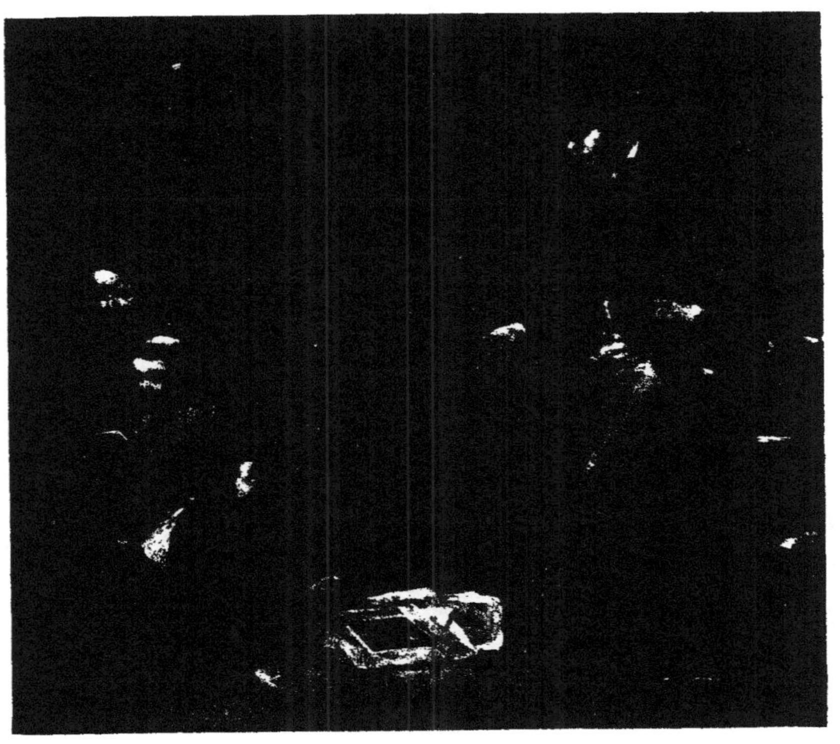

Le marchãd d'oranges

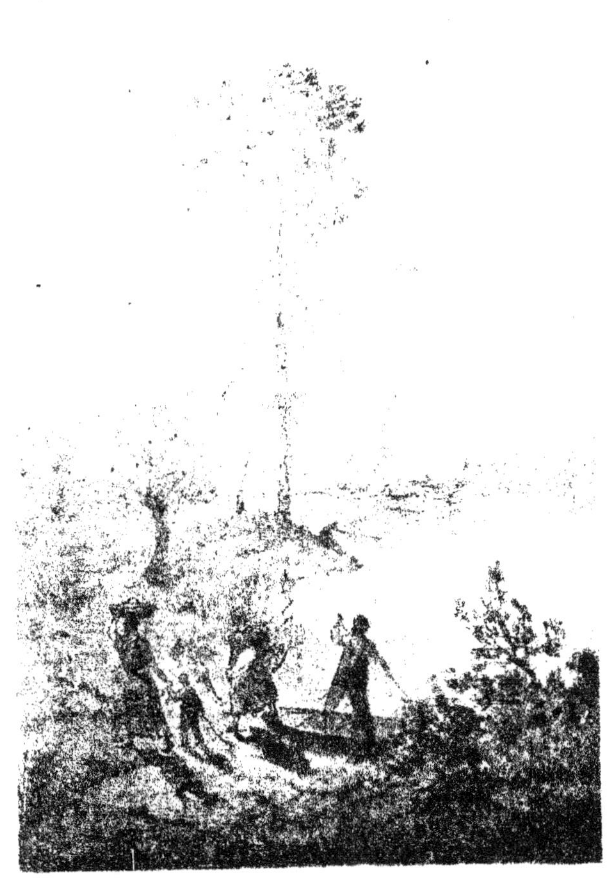

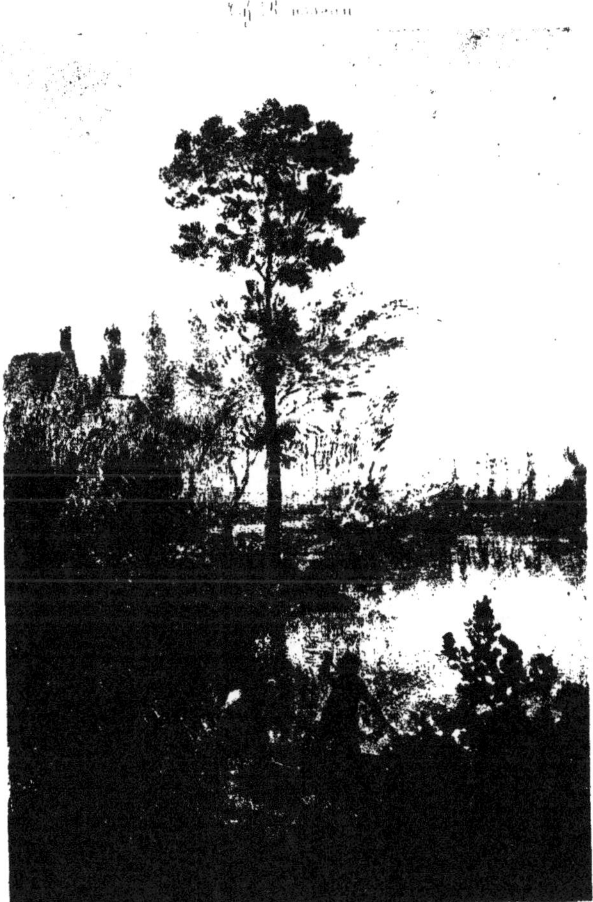

ROUSSEAU

(TH.)

12 — *Le Printemps.*

2650 —

Au milieu d'un paysage commençant à verdir coule une rivière ; au premier plan, deux paysannes et un enfant viennent de descendre d'une barque que le passeur est en train d'amarrer ; au fond, une chaumière que l'on aperçoit entre quelques grands arbres.

Signé à droite : *Th. R.*

Vente Garnier.

Toile. Haut., 41 cent. ; larg., 28 cent.

ROUSSEAU

(TH.)

13 — *L'Automne.*

Au bord d'une mare, deux femmes viennent puiser de l'eau ; plus loin, un paysan, conduisant deux chevaux et monté sur l'un d'eux, les mène boire.

Au fond, à droite, dans la plaine, une chaumière ; à l'horizon, le soleil se couche et illumine le ciel et le paysage d'une lueur d'incendie.

Signé à droite : *Th. R.*

Vente Garnier.

Toile. Haut., 11 cent. ; larg., 28 cent.

3100

Th. Rousseau

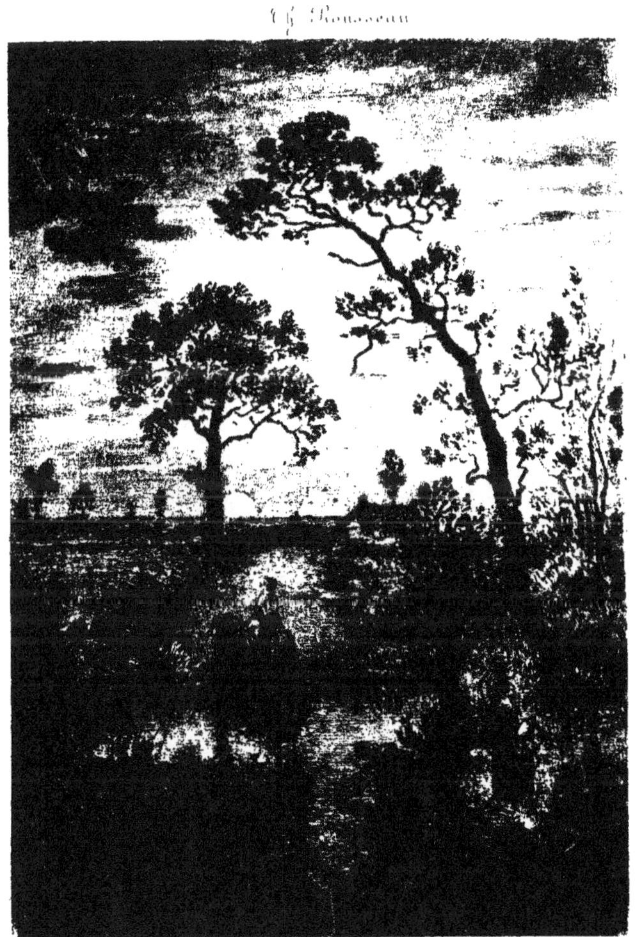

L'Automne

ROYBET

14 — *Esmeralda.*

Assise, vue de face ; les cheveux noirs dénoués, roulant sur le caraco rouge déboutonné : jupe grise. Elle chante une romance dont ses deux mains tiennent le manuscrit.

Signé à gauche, en bas.

Panneau. Haut., 31 cent. ; larg., 26 cent.

STEVENS

(LÉOPOLD)

15 — *Vieille femme de pêcheur en prière.*

Signé en bas, à gauche.
Salon du Champ de Mars, 1892.

Toile. Haut., 60 cent.; larg., 35 cent.

STEVENS

(LÉOPOLD)

16 — *Vue du port de Loctudy.*

Signé à gauche, en bas.
Salon du Champ-de-Mars, 1892.

Toile. Haut., 31 cent.; larg., 61 cent.

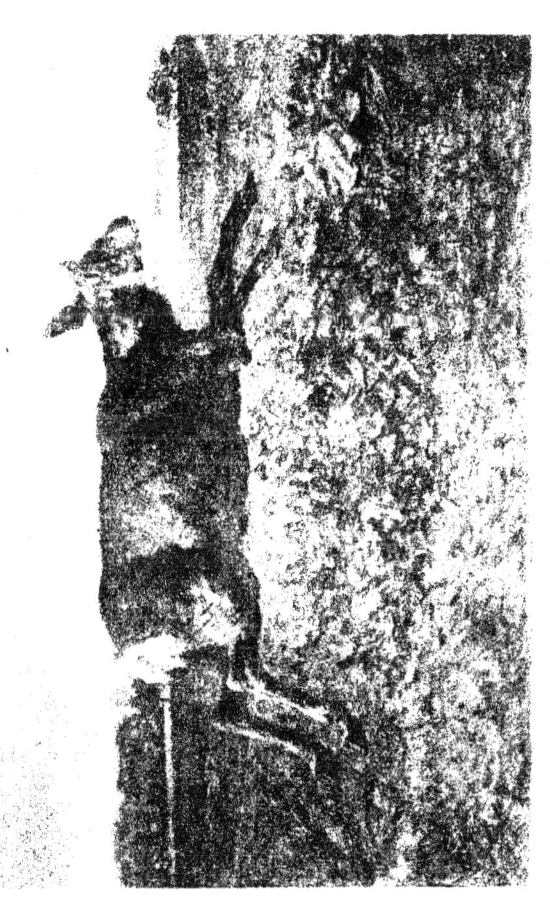

Troyon

Faon courant à travers la plaine

TROYON

17 — *Faon courant à travers plaine.*

Dans une campagne découverte, sous un ciel chaud, un faon détalant, vers la droite, de toute la vitesse de ses quatre pattes.

A gauche, en bas, le timbre de la vente Troyon.

Toile. Haut., 71 cent.; larg., 92 cent.

Tableau intéressant, au sujet duquel il est peut-être curieux de rappeler, d'après Van Marke, les éléments de la palette du maître :

« Terre de Sienne naturelle, laque jaune, terre de Sienne brûlée, brun rouge, laque rose, vermillon, jaune indien, vert Véronèse, vert émeraude, bleu de Prusse, manne, noir d'ivoire, jaune de Naples, blanc, ocre jaune, bleu de cobalt. »

TÉNIERS

(ATTRIBUÉ A)

18 — *Intérieur flamand.*

Toile. Haut., 27 cent.; larg., 37 cent.

VEYRASSAT

19 — *La Moisson.*

Près du chemin, le lourd chariot s'avance chargé de gerbes. A gauche, un arbre. Atmosphère aux transparences blondes.

Charmant tableau du maître.

Signé en bas, à droite.

Panneau. Haut., 24 cent.; larg., 35 cent.

VOLLON

20 — *Baie de la Somme.*

Entre la falaise et la campagne verte aux pentes douces, la Somme coule, avec le reflet d'un ciel d'azur. A l'horizon, on aperçoit le haut des mâtures de bateaux amarrés.

Signé à droite, en bas.

Toile. Haut., 46 cent.; larg., 54 cent.

VOLLON

21 — *Enfants de chœur.*

L'un debout, en robe rouge; l'autre assis, robe noire, calotte rouge. Tous deux absorbés par la lecture du livre de messe. Ils sont vus de profil, à gauche. Sous leur robe passent les pantalons de toile.

Signé à gauche, en bas.

Toile. Haut., 32 cent.; larg., 23 cent.

ZIEM

22 — *La Gondole.*

A droite, le quai et ses constructions que le soleil couché dore d'un dernier rayon.

Au milieu, une frégate; à gauche, une gondole qui s'éloigne du bord, pour traverser le canal.

Au fond, très loin, le ciel ambré de lumière.

Tableau d'une très belle qualité.

Signé à gauche, en bas.

Toile. Haut., 41 cent.; larg. 61 cent.

ZIEM

22 — *La Gondole.*

[illegible]

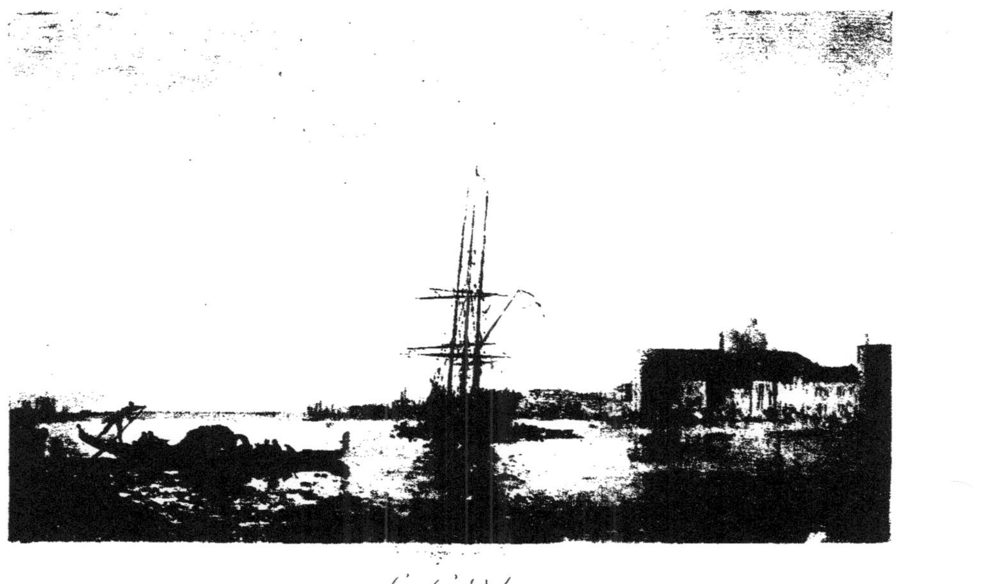

La Gondole

ÉCOLE DE TÉNIERS

23 — *Intérieur de corps de garde.*

Toile. Haut., 26 cent.; larg., 21 cent.

80 –

Aquarelles, Pastels
Dessins

BERNE-BELLECOUR

24 — *En campagne.*

Dessin à la plume.

Signé à droite, en bas.

DETAILLE

(ÉDOUARD)

25 — *Officier de grenadiers.*

De face, l'épée passée devant le corps et portée par les deux mains.

Aquarelle.

Signée à droite, en bas, 1890.

DETAILLE

(ÉDOUARD)

26 — *Voltigeur.*

Debout, l'arme au pied; les deux mains croisées au quillon de la baïonnette.

Signée en bas, à gauche, avec cette mention :

« Offert à la vente au profit des victimes d'Espagne, février 1885. »

Aquarelle.

MESPLÈS

27 — *Danseuses.*

Port de bras à la troisième position.

Signé à droite, en bas.

Pastel.

Haut., 30 cent.; larg., 43 cent.

MESPLÈS

28 — *Danseuse.*

Boléro.

Signé à droite, en bas.

Pastel.

Haut., 42 cent.; larg., 30 cent.

MESPLÈS

29 — *Danseuse.*

Préparation de port de bras, de petit quadrille.

Signé en haut, à droite.

Pastel.

Haut., 30 cent.; larg., 43 cent.

MONTZAIGLE

(DE)

30 — *L'Absinthe.*

Aquarelle.
Signée en haut, à droite.

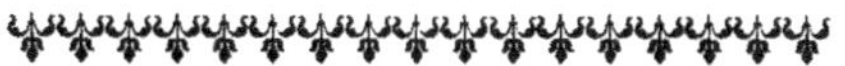

Estampes

31 — Six estampes en couleurs sur des sujets hippiques, 1840.

Désignation des Objets

TABATIÈRES ET BONBONNIÈRES

32 — Belle boite oblongue en or de couleur ciselé, à bouquets de fleurs sur fond rayonnant, et panneaux bordés d'ornements rocaille gravés. Époque Louis XV.

33 — Autre belle boite oblongue du temps de Louis XV, en or ciselé à oiseaux dans des paysages, sur fond à arceaux entrelacés.

34 — Petite boite ovale du temps de Louis XVI, en or de couleur ciselé, à médaillons de paysages avec monuments en ruine sur le dessus et le fond, et à godrons ornés au pourtour.

35 — Boite oblongue à angles coupés, en mosaïque de Neubert de Dresde, à décor rayonnant sur le dessus et le fond, et à compartiments cintrés au pourtour. Le couvercle est orné, à son centre, d'un camée à deux couches, tête d'homme de profil à droite, dans un cercle d'or émaillé bleu.

36 — Boîte oblongue à angles coupés en or guilloché et émaillé bleu, avec encadrement au fond d'ornements gravés, rehaussés d'émail noir et rouge. Sur le dessus, paysage avec personnages, encadré d'un rang de demi-perles. Travail de Genève, du temps de Louis XVI.

37 — Petite boîte ronde et profonde, en ancienne porcelaine de Saxe, décorée d'oiseaux dans des paysages.

38 — Boîte oblongue en émail de Saxe, décorée de sujets familiaux et d'ornements en couleur et or, et d'un paysage en camaïeu carmin à l'intérieur du couvercle. Époque Louis XV.

39 — Petite boîte ronde en émail de Saxe, le dessus décoré d'une rosace sur fond blanc.

40 — Boîte cylindrique en argent émaillé bleu, à bords ciselés. Le dessus est décoré d'un buste de femme en relief.

41 — Petite bonbonnière de forme lenticulaire, en argent ciselé, doré et émaillé.

BIJOUX. — OBJETS DE VITRINE

42 — Étui à cire de forme ovale du temps de Louis XV, en or gravé à mille raies en spirale, à côtes verticales et horizontales. Le fond porte des armoiries gravées, timbrées d'une couronne de comte.

43 — Étui Louis XVI, de forme aplatie, en or, à cordons de feuillages ciselés et à médaillons bustes et figurines en couleur sur fond bleu.

44 — Cachet en or, avec manche formé d'un petit buste de négrillon en sardoine orientale. Sa cravate est ornée de pierreries. Époque Louis XV.

45 — Tête de cachet, formée d'un petit buste de négrillon, en sardoine orientale, avec monture enrichie de pierreries. Époque Louis XV.

46 — Bague-marquise, du temps de Louis XVI, avec chaton de verre bleu enrichi et entouré de roses. Monture en or.

47 — Bague analogue à celle qui précède, mais avec chaton ovale.

48 — Bague d'or, avec intaille sur agate orientale blonde, représentant une tête de femme de profil et signée : *Le Uffroy, 1787*.

49 — Cachet Louis XVI, orné de quatre pierres gravées, camées et intailles, et montées en or.

50 — Cachet tournant en or, orné de cinq intailles sur cornaline.

51 — Trois bagues d'or, ornées chacune d'un petit cabochon d'émeraude et de grenat.

52 — Camée sur améthyste : Tête d'Alexandre casqué de face.

53 — Cachet formé d'une intaille sur sardoine orientale, représentant une scène de sacrifice et montée en or.

54 — Cachet formé d'une intaille sur jaspe, représentant deux têtes conjuguées de profil; manche formé d'un oiseau et d'un serpent en argent doré.

55 — Deux petites statuettes de paysans russes, en argent ciselé.

56 — Cachet-breloque du temps de Louis XVI, en or émaillé à paysages.

57 — Pomme de canne en ancienne porcelaine de Saxe, décorée de fleurs et d'un sujet familial à deux personnages.

MONTRES

58 — Montre Louis XV à répétition, en or émaillé en plein à sujet champêtre, dans le goût de Boucher, entouré d'ornements gravés, rehaussés d'émail bleu.

59 — Montre Louis XV, à répétition, à double boitier en or. Le boitier extérieur est repoussé à figures et ornements rocaille. Le boitier intérieur est gravé et repercé à jour.

60 — Montre du temps de Louis XV, à répétition, avec cuvette en or de couleur ciselé, à figures sur fond rayonnant, scène ayant trait à l'hymen.

61 — Montre Louis XVI, en or de couleur ciselé, à trophée d'instruments de musique et de colombes; le poussoir est formé d'un brillant.

62 — Montre Louis XVI, à double boitier en or. Le boitier extérieur guilloché, à rayons, offre à son centre, en or de couleur ciselé et incrusté de pierreries, une couronne de feuillages, des colombes et des ornements.

63 — Montre du temps de Louis XVI, en or, avec mouvement visible, recouvert en partie d'ornements exécutés en jargons et sertis en argent.

64 — Grande montre à triple boîtier et à répétition, en or gravé et émaillé, à médaillon marine, couronnes d'ornements en couleur sur fond vert, et, sur le boîtier intérieur, trophée d'armes sur fond rosé transparent ; poussoir en diamants et chiffres turcs sur le cadran. Travail de Genève à la fin du XVIIIe siècle.

65 — Montre Louis XVI en or émaillé bleu étoilé d'or, avec, au centre de la cuvette, une rose peinte en couleur sur fond blanc.

66 — Montre Louis XVI en or émaillé, représentant, sur la cuvette, un couple se rendant au temple de l'Hymen. Deux pilastres, ainsi que l'entourage du cadran, sont incrustés de demi-perles.

67 — Montre Louis XV, en argent repoussé, à personnages, avec boîtier intérieur uni.

68 — Beau chronomètre de poche à remontoir en or, de Charles Oudin, horloger de la marine, 52, Palais Royal (n° 19485). Les pièces du mouvement sont en or.

ÉVENTAILS

69 — Éventail Louis XV à monture d'ivoire, décoré de peintures et dont les montants sont enrichis d'appliques incrustées de pierreries. La feuille représente Vénus et deux amours dans un paysage.

21 —

70 — Petit éventail Louis XV, en ivoire, décoré au vernis genre Martin, d'un sujet allégorique, ayant trait à l'hymen sur une de ses faces et d'une scène de concert au revers.

71 — Petit éventail en nacre, avec feuille décorée sur ses deux faces de sujets imprimés en couleur et ayant trait à la naissance de l'Amour. Époque de la Restauration.

ORFÈVRERIE

72 — Deux grands flambeaux de style Louis XV, en argent ciselé à fleurs et rocailles.

73 — Porte-huilier de style Louis XVI, en argent ciselé, à mufles de lions, branches de laurier et tige à anneaux et cariatides. Les burettes de cristal sont montées en argent.

74 — Soupière ovale en argent, à anses têtes de béliers, double-fond et couvercle surmonté d'un anneau double serpent; elle est décorée d'ornements ciselés. Fin du XVIIIe siècle.

75 — Trois flacons en cristal avec montures à anses en argent.

76 — Écuelle ronde à deux anses, branches de laurier; couvercle surmonté de colombes et plateau décoré de rocailles; le tout en argent doré.

77 — Théière avec réchaud en argent repoussé et ciselé à fleurs et rocailles. Orfèvrerie anglaise du XVIIIe siècle.

78 — Théière, sucrier couvert et bol en argent à frises repoussées, rinceaux fleuris et godrons. Travail de la fin du XVIIIe siècle.

79 — Flacon en terre émaillée, garni haut et bas d'une monture en argent ciselé et doré.

80 — Corbeille oblongue, à contours, en argent estampé à rocailles, et fleurs. Le double-fond est en cuivre doré.

81 — Deux supports en forme de piédouche à trois pieds en argent, à côtes en spirale ; ils sont accompagnés de compotiers en cristal.

82 — Deux petites coupes rondes en argent repoussé à trois pieds décorées d'ornements rocaille.

83 — Petite corbeille ovale à deux anses, en argent gravé, ciselé et repercé à jour.

84 — Cinq petites boites en argent, à décors et formes variés.

85 — Cuiller et fourchette en argent doré, à manches à rinceaux ciselés et repercés à jour.

86 — Deux flacons à panse ovoïde, en verre incolore, avec monture à anses en argent doré.

87 — Corbeille de table de forme oblongue, en cristal, simulant une coquille sur socle à deux anses en argent, décoré de fleurs et de rocailles.

88 — Six petits verres à liqueurs, dans des montures mobiles en argent repercé à jour.

PLAQUÉ

89 — Cinq pièces : deux plats oblongs à contours et trois plats à œufs, en métal argenté.

90 — Filtre à café en métal argenté.

91 — Plat de forme contournée bordé de feuilles ciselées en métal argenté.

92 — Presse-citron en métal argenté et doré.

93 — Vase de forme allongée, en cuivre argenté, décoré de rocailles et de fleurs.

94 — Vase profond à deux anses, à décor de rinceaux fleuris et de dragons d'après l'antique en métal argenté.

PORCELAINES DE SAXE ET AUTRES

95 — Statuette en vieux Saxe : Jeune fille assise, tenant un cahier de musique.

96 — Figurine d'amour assis, Saxe.

97 — Vide-poche en porcelaine italienne, formé d'une coquille supportée par une sirène fantastique à tête humaine.

98 — Diverses statuettes en porcelaine de Saxe et autres.

99 — Deux tasses avec soucoupes en ancienne porcelaine d'Allemagne à sujets chinois polychromes.

100 — Tasse-trembleuse couverte en porcelaine dure décorée de couronnes de fleurs et de festons de feuillages.

101 — Pot à lait couvert, en vieux Saxe, décoré d'insectes et à bords gaufrés en guise de vannerie.

102 — Grande tasse et sa soucoupe en porcelaine dure de la manufacture de Guerhard et Diehl, décorées de sujets familiaux en couleur et de dorure.

103 — Compotier en porcelaine dure du temps de Louis XVI, décoré de rinceaux et coquilles en couleur et or.

FAIENCES

104 — Vasque semi-ovoïde en faïence moderne, à fleurs, oiseaux et ornements gaufrés en relief, à décor polychrome, sur fond jaune.

199.

105 — Deux grandes lampes, montées dans des potiches à pans, en faïence à décor bleu à fleurs, garnies d'une base et d'une gorge en cuivre poli.

106 — Faïence de Lorraine (?). Jardinière oblongue à deux anses à bords découpés, décorée de fleurs polychromes et de simulacres de peaux de tigre.

107 — Daubière en faïence, en forme de canard, décorée au naturel.

108 — Deux statuettes d'enfants en faïence ; flûteur et joueur de cornemuse.

109 — Brûle-parfum de forme sphérique surbaissée, supporté par trois personnages debout, en terre émaillée du Japon. Couvercle en cuivre découpé à jour.

110 — Jardinière-applique en ancienne faïence de Lorraine, bordée de rocailles en relief et décorée de fleurs polychromes.

111 — Beurrier en ancienne faïence de Delft : oiseau sur son nid.

112 — Deux petits bustes de négrillons, en faïence à décor polychrome.

SCULPTURES EN MARBRE

280-

113 — Marbre blanc. Buste de jeune femme coiffée de roses et la tête tournée à gauche.

114 — Marbre tendre. Petit buste de Sully. Travail du XVIIIe siècle.

115 — Marbre blanc. Statue d'enfant, grandeur nature, à demi couché sur un rocher.

900-

OBJETS VARIÉS

50-

116 — Miniature ovale : portrait de jeune fille dans le goût de Greuze ; cadre en cuivre.

117 — Trois pièces : deux bouterolles et une garniture de fourreau en fer, à personnages en relief.

118 — Deux pièces : animal couché en jade gris et netzuké en forme de cube en ivoire repercé à jour.

119 — Grand vase à panse ovoïde et col droit en cuivre émaillé, à médaillons de paysages et personnages, et ornements bleus reliés par des filets dorés, XVIIIe siècle.

155-

120 — Sonnette à main en cuivre doré à manche formé d'un hibou.

121 — Petite plaque de métal gravé, représentant le sujet de Shakespeare à la cour d'Élisabeth d'Angleterre.

122 — Pitong en émail cloisonné de la Chine, à médaillons de personnages et attributs, sur fond bleu clair.

123 — Vase à deux anses, en cuivre rouge battu et armoiries rapportées en cuivre jaune. Style Louis XV.

124 — Boîte en forme de fruit, en cuivre rouge argenté en partie.

125 — Deux cornets de cristal gravé, montés sur pieds en cuivre émaillé et figurine d'amour en cuivre doré.

126 — Deux vases, forme carafe, en émail cloisonné du Japon, décorés de dragons sur fond vert aventuriné.

127 — Petit vase de forme sphérique, couvert, en émail cloisonné du Japon, à médaillons d'oiseaux et de fleurs.

BRONZES D'ART

128 — Groupe en bronze par *Barye*, patine verdâtre : Tigre et Biche.

129 — Groupe en bronze par *Barye*, patine verdâtre : Tigre posant la patte sur un Chacal.

130 — Groupe en bronze par *Barye*, patine verdâtre : Thésée et le Minotaure.

131 — Groupe par *Barye* : Levrier et Lapin.

132 — Petit groupe par *Barye* : Arabe sur un Chameau au repos. Base en marbre noir.

133 — Vautour sur un rocher. Bronze signé : *A. Barye.*

134 — Panthère couchée, par *Barye*. Patine brun verdâtre.

135 — Grand groupe en bronze de Barbedienne : Énée portant son père Anchise et suivi du petit Ascagne.

136 — Groupe en bronze par *du Passage, 1885 :* Cheval de course et palefrenier rentrant à l'écurie.

137 — Statuette en bronze, patine brun clair, par *C. Barbella, 1876 :* Jeune garçon buvant à même une cruche.

138 — Statuette de Silène debout d'après l'antique, portant un vase de son bras gauche. Bronze muni d'une patine brune.

139 — Statuette analogue à celle qui précède. Celle-ci est munie d'une patine verdâtre.

140 — Vase à deux anses par *Joseph Chéret*, décoré au pourtour de grappes d'enfants et de grenouilles en relief. Bronze muni d'une patine verdâtre.

485 — 141 — Statuette de Mozart, par *E. Barrias, 1883;* bronze de Barbedienne, muni d'une patine brun clair.

235 — 142 — Groupe en bronze de style Louis XVI, patine brune : Enlèvement de Proserpine par Pluton.

143 — Cheval debout, bronze par *I. Gechter*, patine brun clair.

144 — Petite buire en bronze à anse formée de fauves ; patine rougeâtre.

145 — Très petite statuette de satyre dansant : bronze à patine verte.

60 — 146 — Statuette en bronze de *Barbedienne*, guerrier assis : La Force, d'après *Dubois*.

95 — 147 — Deux hauts-reliefs par *J. Mène ;* nature morte et tête de cerf. Cadres en bois de chêne.

105 — 148 — Deux flambeaux de style chinois formés chacun d'une figure grotesque en bronze, avec base et accessoires rehaussés de dorure.

149 — Groupe en bronze, formé d'un trident et de deux dauphins.

150 — Deux coupes en bronze de style Renaissance, avec pied à balustres et cariatides.

151 — Boîte double formée d'un canard en cuivre doré en partie ; travail japonais.

BRONZES D'AMEUBLEMENT

152 — Grande paire de chenets en bronze doré, à rocailles et figures de Chinois. Style Louis XV.

153 — Paire de chenets en bronze doré, de style Louis XV, à enfants assis sur des ornement rocaille.

154 — Deux chenets en bronze doré : Chien et Chat assis sur des coussins avec socles oblongs à rosaces. Style Louis XV.

155 — Deux colonnettes en marbre, avec embases et chapiteaux en bronze.

156 — Miroir de toilette avec cadre en cuivre jaune poli.

157 — Deux chenets de style Louis XVI, à galerie en bronze doré, sur laquelle un amour en bronze noir est assis.

158 — Vasque profonde en marbre brèche, à anses mufles de lions, prises dans la masse et reliées par des draperies de bronze doré.

159 — Deux vases en marbre brèche, garnis de montures rocaille, à anses en bronze ciselé et doré de style Louis XV.

160 — Fût de colonne en marbre rouge de Flandre, avec plateau tournant.

161 — Deux flambeaux de style Louis XVI, en bronze doré, modèle à trépied terminé par des cariatides d'enfants sonnant de la trompe, sur socles en marbre blanc.

162 — Deux flambeaux, formés chacun d'une colonnette torse en cristal incolore, montée en cuivre argenté.

163 — Deux petits candélabres de style Louis XVI, formés chacun d'une figurine d'amour sur des nuages en bronze vert, tenant deux vases porte-lumières en bronze doré et montés sur des socles à gorge en bronze finement ciselé et doré.

164 — Deux girandoles de style Louis XV, en bronze argenté à quatre lumières, et à tiges ornées de trois cariatides d'enfants.

165 — Pitong porte-fleurs en cristal taillé à décor de fleurs, et garni d'une monture de style chinois en bronze doré.

166 — Deux simulacres de vases ovoïdes en granit verdâtre, garnis de montures de style Louis XVI, en bronze doré, à deux anses.

167 — Thermomètre placé sur une gaine en bronze, surmontée d'une tête de satyre.

168 — Porte-pelle garni, en bronze de style Louis XV.

169 — Porte-pelle garni, en bronze de style Louis XVI.

170 — Garniture de foyer en fer, composée de deux landiers, d'une galerie garde-feu, d'une pelle et d'une pincette.

MEUBLES EN BOIS SCULPTÉ

171 — Grand buffet de salle à manger de style Renaissance, en bois de noyer sculpté, à frise représentant des scènes de repas; statuette en bas-relief de saint Georges, et trophées, rinceaux et ornements variés. Il ferme à deux portes pleines avec tiroirs au-dessus surmontés de deux portes vitrées. Il est accosté des deux côtés de deux corps qui ferment à portes vitrées. Le haut du meuble se termine par un fond garni de trois crédences-appliques.

172 — Deux meubles en forme de crédence fermant à deux portes, avec tiroirs au-dessus de même travail que le buffet qui précède et pouvant lui servir d'accompagnement. Ils sont couverts d'une tablette de marbre avec fronton.

173 — Crédence de style Renaissance, en bois de chêne sculpté, à médaillons bustes et ornements et fermant à deux portes.

174 — Support en forme de tabouret, à trois pieds en bois sculpté.

175 — Console de style Louis XVI, forme dite demi-lune, en bois sculpté et doré à frise ajourée et à guirlandes de fleurs retenues par un ruban. L'entrejambes est orné d'une urne, d'où s'échappent deux guirlandes de feuilles de laurier. Dessus de marbre blanc.

176 — Glace en hauteur avec cadre en bois sculpté et doré composé de rocailles, de fleurs et de volutes.

MEUBLES DU XVIIIe SIÈCLE ET AUTRES

177 — Belle commode du temps de la Régence, en bois de placage, très richement garnie de chutes, de poignées et de sabots, composés d'ornements rocaille en bronze ciselé et doré. Elle a trois rangs de tiroirs et est couverte d'une tablette de marbre.

178 — Commode de forme contournée à deux tiroirs en marqueterie de bois à fleurs en bois violet sur fond de bois satiné, garnie de bronzes rocaille et à dessus de marbre.

179 — Petite armoire de style Régence, en bois sculpté et doré, à porte et côtés vitrés et à dessus de marbre. Elle est garnie, à l'intérieur, de peluche grenat.

180 — Petite table de style Louis XV, en bois sculpté à ornements rocaille et laqué blanc. Elle est couverte d'une tablette de marbre violacé, bordée d'une moulure.

181 — Petit bureau bonheur-du-jour de style Louis XV en marqueterie de bois à fleurs, sur fond satiné, garni de bronzes ciselés et dorés. Le corps supérieur ferme à deux portes.

182 — Petite armoire en forme de gaine en marqueterie de bois ton sur ton, garnie de chutes et de sabots en bronze ciselé et doré. Elle ferme à une porte.

183 — Petit secrétaire droit à porte à abattant de style Louis XVI, en bois d'acajou, garni de bronzes et avec colonnettes cannelées aux angles. Dessus de marbre bleu turquin.

184 — Petite pendule à cage de style Louis XVI, en bois d'acajou garnie d'ornements en bronze ciselé et doré au mat.

185 — Table-vitrine de forme oblongue et de style Louis XVI, en bronze ciselé et doré, à quatre pieds carrés reliés par une entretoise ornée à son centre d'une petite corbeille ronde. Le dessus et le pourtour de la vitrine sont garnis de glaces à biseaux.

186 — Guéridon rond de style Louis XVI, en bois d'acajou, avec frise à rinceaux et moulures ornées en cuivre doré. Les quatre pieds cannelés en spirale et à chapiteaux ioniques sont reliés par une entretoise ornée d'un vase. Dessus de marbre portor.

187 — Table à thé à deux tablettes, avec pieds et consoles cannelés en bois d'acajou et garnie de bronzes dorés. Style Louis XVI.

188 — Table à jouer de style Louis XVI, en marqueterie de bois à fleurs de couleur et garnie de bronzes dorés.

189 — Meuble-vitrine de style Louis XVI, à côtés arrondis en bois d'acajou, garnie de cuivres dorés. Le corps inférieur forme console, avec fond de glace et tablette d'entre-jambes en marbre blanc, et le corps supérieur vitré avec dessus de marbre blanc, est bordé d'une galerie à draperies en cuivre doré.

190 — Deux petites tables carrées en bois d'acajou, avec frises à rinceaux en bronze ciselé et doré, et à dessus de marbre brocatelle d'Espagne. Les pieds droits et carrés sont reliés par une entretoise, formée de quatre branches cintrées. Style Louis XVI.

191 — Piano demi-queue de Pleyel n° 108124, à sept octaves, et caisse en palissandre.

192 — Billard en chêne, de la maison Larroque, A. Robillard, successeur. Il est accompagné de son porte-queue, garni de douze queues.

193 — Fût de colonne cannelée en bois de chêne formant support.

194 — Grande toilette à deux places, en bois de palissandre, à dessus de marbre blanc, avec tablettes et glace au-dessus.

195 — Canapé de style Louis XVI, en bois naturel sculpté, couvert de soie crême brochée à corbeille, bouquet et festons de fleurs.

196 — Deux chaises légères assorties au canapé qui précède.

197 — Meuble de salon de style Louis XVI, en bois sculpté et doré, couvert d'étoffes de soie à bandes crême et rosées, alternant, brochées de fleurettes polychromes. Il se compose d'un canapé, de deux bergères et de quatre sièges.

198 — Petit canapé oblong de style Louis XVI, en bois sculpté et peint en gris. Ses deux extrémités sont formées de dossiers à médaillon ovale, ajouré, garni ainsi que le siège, en canne dorée. Coussin en soie jaune brodée de fleurs en soie et métal.

199 — Siège de style Renaissance en noyer sculpté, à dossier plein et garni d'un coussin en velours rouge.

200 — Chaise de même style, en bois sculpté à arceaux et bustes, et à siège et dossier garnis de velours rouge.

201 — Douze chaises de salle à manger en bois de noyer, de style Renaissance, couvertes de maroquin brun foncé, rehaussé d'encadrements dorés aux fers.

TAPISSERIE

202 — Tapisserie d'Aubusson du temps de Louis XV représentant une scène de bacchanale : Bacchus et Ariane dans un char traîné par deux panthères.

Haut., 2 m. 05 ; larg., 1 m. 9[illegible].

Paris. — Imp. G. Petit. — 31-5-96.

www.ingramcontent.com/pod-product-compliance
Lightning Source LLC
LaVergne TN
LVHW010617110826
845149LV00003B/954

* 9 7 8 2 3 2 9 2 8 5 6 5 8 *